# Mutlu Şehrin Hayvanları

net
çocuk

**Genel Yayın Yönetmeni:** Ömer Canbir
**Yazan:** Ayça Atçı
**Grafik Tasarım:** E. Bahar Düzen
**ISBN:** 978-605-124-553-9
**Yayıncı Sertifikası:** 44105
**Matbaa:** Ertem Basım
**Matbaa Sertifikası:** 26886

**Baskı Şubat 2020**



**Net Çocuk**
19 Mayıs Mh. 19 Mayıs Cd. No: 13 Kat: 7 Şişli İstanbul
Tel: (0212) 985 09 99

İnternet satışı için:
pazarlama@netyayin.com.tr
www.netcocuk.com

Net Çocuk, Net Turistik Yayınlar San. Tic. A.Ş.'nin tescilli markasıdır.
Türkiye'de basılmıştır.

# Bu kitap kimin?

EZRA'ya babaannesi ve dedesi

sevgilerini yollarlar.

Bir varmış, bir yokmuş...

Uzaklarda güzel bir ülke varmış.
O ülkenin bir şehrinde çok mutlu
hayvanlar yaşarmış.

Hiç aç kalmazlarmış. Çünkü bu şehirde bir sürü yemek varmış. Canları ne isterse yerlermiş.

Günlerini bazen
resim yaparak...

...bazen paraşütle uçarak...

...bazense piknik yaparak geçirirlermiş.
Herkes bir araya gelirmiş.

Aralarında iş bölümü yaparlarmış.

Çünkü hepsi çok iyi arkadaşmış.

Kuzular ve kuşlar
yiyecekleri taşırmış...

Kedi Hanım ve Köpek Bey kekleri yapar...

... Arı Hanım bal toplarmış.

Sofrayı hazırlamaksa İnek, Tırtıl ve Kedi Hanımların işiymiş.

...Kedi Hanım
alışverişi çok
sevdiği,

...Tırtıl Hanım da süslenmeyi çok sevdiği için...

…hep geç
kalırlarmış!

Sofralar kurulur...

...herkes yemeğini arkadaşıyla paylaşırmış.

Mutlu şehrin hayvanları gerçekten
çok mutluymuş.

Çünkü bu şehirde herkes birbirini çok severmiş.

Tatlı rüyalar çocuklarrrr...

Mutlu Şehirde yaşasan sen ne yapmak isterdin?